命《いのち》と絆《きずな》の法則

魂のつながりを求めて
生きるということ

ザ・チョジェ・リンポチェ
Za Choeje Rinpoche

福田典子＝訳

きずな出版

プロローグ
心の平安を自分のなかに育てる

今日という日を、あなたは、どんなふうに過ごされたでしょうか。

幸せに満たされた一日だったでしょうか。

つらいことがあった一日だったでしょうか。

それほどのつらさもないかわりに、充実感もなく、ただ一日が過ぎてしまったという人もいるかもしれません。

ネガティブな感情に襲われるとき、私たちの心は、孤独になりがちです。

自分は独《ひと》りぼっちで、誰にも重要視されない存在だと考えてしまうのです。

それが怒りになったり、悲しみになったりして、さらなる孤独感を生み出します。

この本では、人はみな「つながり」の法則の中に生きていることをお話ししたいと思います。それが「命」の尊さを伝えることにもなると思っています。

―いまの人生をどう生きるか―

私はチベット人です。

チベットがどこにあるか、あなたはご存じでしょうか。ユーラシア大陸の中央部にある世界最大といわれる高原地帯で、首都のラサは、標高３６５０メートル、富士山よりも少し低い位置にあります。

もともと独立した国でしたが、中国の弾圧をうけ、１９５９年、私たちの師であるダライ・ラマ法王はインドに亡命しました。いわば、私たちは国を失ってしまったわけです。

私の両親もまたチベットの土地を離れ、私は南インドのチベット人難民キャンプで生まれました。そして16歳のときに、ダライ・ラマ法王から、私の父に手紙が届きます。

それには、私が「ザ・チョジェ・リンポチェ」の6世であることが認められたということが書かれていました。

「リンポチェ」とは、日本語でいえば「大僧正」のような意味で、チベット密教には、現在200人近くの「リンポチェ」がいます。

私たちのチベット密教では、「輪廻転生《りんねてんしょう》」の信仰があり、歴代のダライ・ラマ法王もまた、転生者によって引き継がれてきました。現在のダライ・ラマは14世ですが、これは13回めの生まれ変わりという意味です。

「リンポチェ」には、転生者もいれば、勉強して新たにその地位につく人もいますが、私の場合は前者で、「ザ・チョジェ」の「ザ」は「知恵のある人」、「チョジェ」は「大師」のような意味です。

また、私は、お釈迦《しゃか》様の十大弟子の一人、ウパーリ（優波離）の16代目の生まれ変わりともいわれるのですが、自分でその記憶があるわけではありません。

輪廻転生とは、車輪がぐるぐる回転しつづけるように、人は何度も生死を繰り返すという、仏教の基本的な考え方で、私もそれはあると思っていますが、自分の過去世については実感もないので、興味もありません。

魂は永遠で、その意味では、人は誰もが、誰かの生まれ変わりになりますが、その過去世において、どのような偉業を遂げたとしても、いまの人生をどう生きるか、いまの人生で何をするかが問われています。

私は、16歳で「ザ・チョジェ・リンポチェ」として生きていくことになりましたが、そのときに、それまでの人生はなくしたように思います。

転生者として認められることは、チベットではとても名誉なことで、その日から、私の父でさえも、私に敬語を使うようになりました。これは私にとっては驚愕《きょうがく》の出来事でした。

ところで、転生者というのは、たいてい3歳から4歳くらいで発見されて、修行の道に入るのですが、私の場合は、それが16歳だったわけです。

それまでは、ごく普通の高校生でしたから、学校をさぼったり、いたずらをしたり、ということもありました。そうした体験は前世のように感じることですが、私は私の運命を受け入れて、いまの道に進みました。

―本当の幸せとは何か―

日本に初めて来たのは、１９９７年のことです。ちょうど私が30歳になるかならないかの頃でした。チベットの亡命政府からの要請で、チベット文化の普及のために来日しました。

それから数えられないくらい来日の機会をいただきましたが、日本には、とても親近感を持っています。

一つには、日本人とチベット人は顔がよく似ているということもあると思います。生活の中のちょっとした習慣も、共通していることが多く、食べ物でも似たものがたくさんあります。日本の蕎麦《そば》はおいしいですが、チベットでも蕎麦を食べます。チベットの蕎麦つゆは、肉から出汁《だし》をとったもので、日本の鴨南蛮《かもなんばん》はそれに近いような気がします。

ところで仏教には「五戒《ごかい》」という信者が守るべき戒律《かいりつ》が5つあります。

すなわち、

（1）殺生《せっしょう》してはいけない
（2）他人のものを盗んではいけない
（3）不道徳な性行為を行ってはならない
（4）嘘をついてはいけない
（5）酒を飲んではいけない

ですが、（1）の戒《いまし》めから、肉は食べないという宗派もありますが、原始仏教では、これを禁止しておらず、私も肉をいただきます。

仏教の出家者の修行に「托鉢《たくはつ》」があります。これは、僧侶が信者の家をめぐって、最低限の食糧を乞《こ》うものですが、このときにいただくものに肉が入っていたら、どうでしょうか。物乞いをしていて、「私は、それは食べられない。もっと違うものを用意してくれ」と注文をつけるのはおかしいです。

どんなものでも、それを糧《かて》としていただくことに感謝の気持ちを忘れず、有り難くいただくのが正しい行為だと私は思っています。

話をもとに戻しましょう。

私はチベット人ですが、いまはアメリカに住んでいて、紙の上ではアメリカの国籍を持っていたり、親はインドにいたり、ということがあります。

チベットは中国に属していますが、「あなたは中国人か」と聞かれたら、「たぶん違う」と言うでしょう。地図上では、チベットの国は、いまはない状態にあります。

日本に来るたびに、何かホッとした気持ちを抱《いだ》くのは、顔や習慣が似ているということもありますが、それ以上に、私自身が、何か日本との縁を、もともと持っていると感じていることもあるかもしれません。

初めて日本に来たとき、チベットがもしも、この国のように自由であったらどうだったろう、ということを考えずにはいられませんでした。もしかしたら、この日本のようになっていたのかもしれないとも思いました。

外から見る日本は、とても進んでいて、物質的な面で恵まれていることは誰もが認めるところでしょう。そして、それは、もともとがそうであったのではなく、大きな発展を遂げた結果であり、その陰には、多くの人々の努力があったということも、世界の人たちは知っています。

第二次世界大戦で日本は、広島、長崎に原爆を落とされました。各地にも爆撃を受け、どこも焼け野原になったと聞いています。国はあっても、ほとんどの国民がすべてを失い、それこそ言葉にできない悲しみや怒りを感じたことでしょう。

でも、そこから立ち上がり、高度成長期を経て、世界の中でもトップレベルの経済大国となったわけです。

いまでは国民のほとんどがケータイ電話を持ち、パソコンを操《あやつ》り、電化製品に囲まれた生活をしています。日本ほど、清潔で、便利な国はないと思います。私が生まれ育ったインドから見れば、この国に住む誰もが、夢のような暮らしをしているといっても過言ではありません。

けれども、それほどに恵まれた環境にありながら、幸せとは感じられない人は多いようです。

それはなぜなのかといえば、幸せは、ものの有る無しではないということに気づき始めたからではないでしょうか。

それならば、幸せとは何か。どうすれば、心の平安を自分のなかで育てることができるのか――ということを求め始めている時代に入ったというのが、日本のいまではないかと思います。

―あなたに私から伝えたいこと―

この本は、私が日本の皆様に発信する初めての本として出版することになりました。

なぜ、いまそれをするのかと聞かれたら、そのタイミングが来たということしか私にはわかりません。

私の考えは仏教の教えに因《よ》るところが大きいと思いますが、それを広めることが、この本の目的ではありません。

どんな信仰を持っていても、あるいは、持っていなくても、それでいいのです。

ただ、見方、考え方には、さまざまなかたちがあるということを知ることは大切です。

つらいとき、腹が立つとき、悲しいとき、私たちは一つの考えに偏《かたよ》りがちです。

問題から少し離れてみると、その現実がよくわかることがあります。

自分の考え、思い込みをいったん手放して、離れて見ることができたとき、いまより少し心の平安を取り戻せるかもしれません。

この本が、その一助となれば幸いです。

命と絆の法則………〈目次〉

第6章

悲しみを受け入れる

それもまた人生の一部であることを知る

第7章 幸福の条件

自分が決めさえすれば幸福に生きられる

命と絆の法則

魂のつながりを求めて生きるということ

第1章

人生で大切なものは何か

この人生では何を優先して
生きていきますか

人は幸せになるために生まれてきた

私はインドで生まれ、アメリカで生活しています。

あなたは、どこで生まれ、どこで暮らしているでしょうか。

どんなに環境が違っても、苦しみや悲しみを望む人はいません。誰もが幸福になることを願っているという点では、どの人も皆、同じであるといえるでしょう。

幸せになりたいというのは、命を与えられた者としては至極《しごく》当然な願いなのです。

あるとき、ダライ・ラマ法王に、弟子の一人が、人生の目的とは何かということを質問したところ、

「人生とは幸福を求めるためにあるものだ」

と法王は答えられました。つまり、自分にとっての幸せを探すことは、人生において、もっとも重要なことだというわけです。

では、どうしたら幸せになれるでしょうか。

幸せになるというのは、肉体的に、そう感じるというものではありません。たとえば、おいしいものを食べたり、スポーツを楽しんだりしたときに、充足感、充実感を覚えることはあるでしょう。それも「幸せなこと」だといえばその通りですが、人生においての幸せを考えたときには、肉体的に満たされることより、心が満たされることが大切です。

21世紀の現代には、新聞、雑誌、テレビ、インターネットなどで、私たちが欲しいと思う情報は何でも手に入れることができます。

ひと昔前なら、日本にいて、アメリカに住む人、インドに住む人と連絡をとることは、そう簡単ではありませんでした。けれども、いまはどうでしょう。簡単に、メールやスカイプでつながることができます。それほど距離が近くなったということです。

そうした近代化のおかげで、私たちの生活は驚くほど便利になり、活動の場が広がりました。

その一方で、苦しみや悲しみが増えたということもいえるのではないかと、私は思っています。

私たちの生活は物質的に恵まれ、スーパーマーケットに行けば、お米でもお水でもすぐに買うことができます。その意味では、とても豊かになりました。

けれども、その豊かさが、私たちの心に新たな苦悩をもたらしたと、私は考えています。

水が欲しいと思っても、井戸を掘らなければ、それが手に入らない、ということがあるのです。世界に目を向ければ、水道から水が出るのがあたりまえではない地域は、いくらでもあります。そうした地域では、水はたいへん貴重になりますが、ものがあふれた地域ではどうでしょうか。

ものがあふれている地域に住む人ほど、「もっと」という欲が肥大化《ひだいか》していきます。

「もっと欲しい」という人は、満たされることがありません。

自分の車を持っていても、それよりも最新式のものを見たとき、自分の車では十分でない気持ちになるわけです。自分の家があっても、もっと大きな家を見たら、自分の家が情けないような気持ちになるわけです。

ものにあふれた世界は、絶えず私たちに、「自分にないもの」「自分に足りないもの」を教えます。

冷蔵庫もクローゼットもいっぱいなのに、「何もない」という気持ちになるわけです。

自分にあるものに目を向ける

「あれもない」「これもない」というふうに思うと、私たちの心はネガティブになります。「ない」「ない」「ない」と唱《とな》えているうちに、「私の人生には価値がない」というふうに考えてしまうのです。

それは、不幸な考えです。

では、どうすれば、不幸な考えから抜け出ることができるでしょうか。

それは、そう難《むずか》しいことではありません。

ほんの少し、気持ちを切り替えるだけで、私たちは、不幸な考えから解放されます。

さあ、考えてみましょう。

あなたの生活を思い出してみてください。

そこには何があるでしょうか。

あなたには帰るところがありますか。

そこには屋根があるでしょうか。

壁があるでしょうか。ドアがあるでしょうか。

寝るところがあるでしょうか。食べるものがあるでしょうか。

あなたの心を癒《い》やす絵や写真、思い出の品があるでしょうか。

こうして考えてみると、私たちには「ないもの」よりも、「あるもの」のほうが多いことに気づくのではないでしょうか。

いま、あなたが困っているとしたら、それがないことに困っているのではなく、ありすぎて困っているのではないでしょうか。

幸せになるには、自分が持っているもの、自分にあるものに目を向けること。それが、不幸な考えから抜け出す、第一歩になります。

「ないもの」に目を向けているうちは、心は、いつでも欲しがっています。その欲が大きくなればなるほど、私たちの心を苦しめるのです。

幸せを感じるためには、私たちの心を、それほど大きく変える必要はありません。

たとえば、アーチェリーで的《まと》を射ようとしているとします。的を射ることをやめる必要はありません。狙《ねら》っている的よりも、少しだけ違う位置を的にするだけで、私たちの心は変わっていきます。

「ない」という視点から、「ある」という視点に変えるのです。

家族のことを思うなら、こんなにいい家族が自分にはある、と考えるのです。

自分には、友達がいる。

自分には、帰る家がある。

自分には、働く場所がある。

こんなふうに、自分の持っているものにフォーカスしていきましょう。

それだけで、心はポジティブになっていきます。

誰もが幸せになることを願っています。

そのために、むずかしい経典《きょうてん》を読む必要はありません。

日常生活の中で、「ないもの」から「あるもの」に視点を切り替えていくだけで、私たちは日に日に幸せになっていきます。

自分にあるものを確認していくと、自分に対する尊厳《そんげん》——自分を大切に思う気持ちが増していきます。

つながりのない人はいない

ある会合の席で、10代の女性から、

「人生でもっとも重要なことは何だというふうに考えられますか」

という質問を受けました。

10代という年代で、この質問をされる感性を私はとても新鮮に受けとめ、次のように答えました。

「つながりを感じること――それが人生でもっとも重要なことです」

私とあなた、あなたとあなたのまわりの人たちは、たまたま居合わせただけで、そこにつながりなどはないように思うかもしれませんが、じつは、皆、つながっています。なぜかといえば、私たちは皆、この地球とつながっているからです。

地球は空とつながっています。

空は銀河とつながり、銀河は宇宙とつながっています。

日本には「絆《きずな》」という美しい言葉があります。人と人との結びつきを表すものですが、人は生まれながらにして、絆を持っています。

だから、何か、つながりを持たなければいけないと考えたときに、新しくつながる必要はないわけです。

・

あなたはすでに、つながっています。

それを感じることが、とても大切なのです。

そのつながりを感じたときに受けとれるもの、それが愛です。

仏教では、慈悲《じひ》の心と置き換えることもできます。

愛する心、慈悲の心を持つことはむずかしいという人がいます。

けれども、私たちは皆つながっているのだということがわかれば、それは自然に湧《わ》き起こってくる感情です。決してむずかしいものではありません。

つながっていることを意識するだけで、他者に共感することができます。

相手が望むことをしてあげたい、自分が望むことは相手も望んでいることに気づくはずです。

相手が自分と同じような感情を持った人間であるということがわかると、たとえば相手が苦しんでいるのを知って、「それはあなたの苦しみで、私とは関係ない」という考えが浮かんでくることはないでしょう。

昔、ダライ・ラマ法王がニューヨークのセントラルパークで、4000人を前にお話しされたことがあります。

「私たちのからだは、すべてつながっています。

手も、足も、筋肉や骨によってつながっているわけです。

たとえばトゲか何かを踏んで、足の裏が『痛い』と感じたら、手はどうするでしょうか。

『私は手で、足と関係ない』とは思わないでしょう。痛い足の裏を手でさすったり、手でトゲを抜いたりするはずです。なぜなら、手と足はつながっているのですから」

足の痛みは、手の痛みでもあります。自分というからだのなかで、痛みを共感するわけです。

他者を自分とは関係ないものと思わず、自分とつながっている存在だとわかれば、相手の感情、感覚を共感できるはずです。

他者が感じることは、自分が感じることと変わらない。それが「つながりを感じる」ということです。

同じつながりのなかにいることがわかれば、「それは他人の痛みだから自分とは関係ない」ということはなくなるはずです。

人生で大切なことは、自分のなかにある幸福感とつながることです。

まったくの他人だと、それは感じにくいかもしれません。でも、たとえば親子だったら、どうでしょうか。

子どもがケガをしたり、病気をしたりしたときには、母親は、それを自分の痛みとして感じています。それはなぜかといえば、それだけ深くつながっているからです。

誰に対しても、我が子のように共感できる姿勢を持つこと。それが人生において、もっとも大切なことだと私は思います。

真実の愛はなぜ尊いか

魂のつながりは、その人生において、一人の人間として、また社会的な存在として、とても大切なことです。

私たちは社会のなかで暮らしたいと願っています。つながりを感じることの必要性も知っています。とくに人間関係においては、特定のパートナーとのつながりを必要とします。そして、そんなつながりを求める人たちは、大勢います。

「運命の人と出会いたい」

「幸せな結婚生活を送りたい」

そう願って、魂とのつながりを求めるのでしょう。

じつは、白馬に乗った王子様がいつか迎えに来てくれるのを心待ちにしているという人は、案外少なくないのかもしれません。

私たちはさまざまな人に出会いますが、ときに、「この人こそ運命の人だ」と思うこともあるでしょう。

でも、実際に一緒に暮らしてみたら、「あれ？　違ったかな」と思うようになるのも、めずらしいことではありません。

そうして、次から次へと移っていく場合もあります。

男女間においては、「この人こそ運命の人ではないか」というような見方は、本当はしないほうがいいのではないかと思っています。

なぜかといえば、「期待感」は、次には「裏切られた」「失望した」というところに結びついていくからです。

「運命の人に出会いたい」というような夢物語を描くよりも、目の前にいる人の現実を、しっかりと見抜くことです。

パートナーシップで、いい関係が続いている人たちは、案外、相手に対して過度の期待感を持っていないものです。

たとえば出会って初めて、そこからいろんなものを自分たちでつくり出していくのです。相手のいいところも、悪いところも知ったうえで、すべてを受け入れる気持ちが双方にあれば、お互いに成長していくことができるでしょう。

すでに出来上がったもの同士の場合には、一緒にいる必要は、あまりないのかもしれません。

また、そのときに交換条件を出すのも、真実の愛とは言えないでしょう。

「あなたがそれをしてくれるんだったら、私はあなたを愛してあげる」

これでは愛ではなくて、ビジネスになってしまいます。

真実の愛には、条件が一切ありません。いいも悪いも全部をひっくるめたうえで、「私はあなたを受け入れます」という気持ちが必要です。二人で、そうした気持ちを持つことができたとき、魂のつながりを感じられるはずです。

愛の力が宿るとき

無償の愛、駆け引きのない愛こそ、真実の愛であり、素晴らしいパートナーシップだと言えるでしょう。

たとえば相手が病気になったとき、自分が心から相手のケアをしたいと願い、それを相手も望んでいるという場合に、駆け引きのない愛がそこにあります。

これは人間の男女間に限ったことではなくて、動物の世界にも、真実の愛はあります。

たとえば鳥の親子がいたとします。

そこに他の動物がやってきて、生まれたばかりのひな鳥を食べようとしたらどうでしょうか。

母鳥は、自分の命に代えてでも、我が子を助けようとするはずです。

他の動物が怖いというようなことは、まったく考えないでしょう。ただ、ひな鳥を守りたい一心で、親鳥は必死になるわけです。

私はふだん僧院で、弟子たちと共に生活していますが、そんななかで美しい愛の姿に感動したことがあります。たいていの弟子は、チベットからヒマラヤを越えてきた若い修行僧です。

それは僧院の外を散歩しているときでした。

突然、弟子が私の足下に倒れ込んだのです。

じつは私は気づかなかったのですが、そこに大蛇《だいじゃ》がいたのです。

私がもう一歩踏み出したら、大蛇を踏んでしまうところでした。もしもそうなったら、驚いた大蛇は私に攻撃したことでしょう。大ケガをしていたかもしれません。それを防ぐために、その弟子は自分の身を挺《てい》して、大蛇も私も傷つかないようにしたのでした。

これもまた、一つの真実の愛です。

真実の愛があるとき、私たちは自分でも気づかない力を発揮《はっき》します。

自分のことも顧《かえり》みずに、他者を守る。愛は、そんな素晴らしい力を私たちに与えてもくれるのです。

第2章

生きていると
いうこと

あたりまえのことは
決してあたりまえじゃない

後悔と不安が消えないとき

ほとんどの人の頭のなかは、過去に起きたことへの後悔と、あるいは、これから起こるかもしれないことに対する心配でいっぱいになっている、ということがいわれます。

たとえば過去に思いを馳《は》せているときというのは、

「どうして、あんなことになってしまったんだろう」

「あんなふうにするんじゃなかった」

ということが、頭のなかをグルグル駆《か》けめぐります。

そういうとき、私たちの心は、そのことへの後悔や罪の意識に苛《さいな》まれています。穏《おだ》やかな気持ちや幸福感というものは、そこには存在しません。

できれば、そんな気持ちにはなりたくないものですが、普通の人間であれば、それを経験したことがないという人はいないでしょう。

子どものときから現在に至るまで、いろいろな場面で、クヨクヨ悩んでしまったことがあったはずです。

そのように過去に意識が向いているときには、ポジティブな感情よりも、ネガティブな感情のほうが大きくなりがちです。

過去の悪い経験を思い出すと、いま現在に起こっていることも、過去のようなことになってしまうのではないかという恐れが現れることがあります。

未来までもが過去の失敗に囚《とら》われるようになるわけです。

「あのとき、ああすればよかった」というのは、過去に戻って、それをやり直すことができればよいのですが、どんな人でも、それは不可能です。

過去のことは、過去のこととして割り切ることです。過去に思いをめぐらすことは、それだけ時間の無駄であると言わざるをえません。

過去のことを考えれば考えるほど、取り返しのつかないことに苦しむだけということになるわけです。心は開くどころか、どんどん閉ざされていきます。

心が閉じそうになったら、いま現在に目を向けることが大事です。

「いま自分は何をしようとしているのか」

「いまの自分にできることは何か」

ということを考えてみるのです。

ところで、過去に意識がいくのと同様に、私たちは未来に向かって思いを馳せることもあります。「明日はどうなるだろう。こうだろうか、ああだろうか」ということを考えると、こんどは心配事で頭がいっぱいになります。

その心配事が「恐れ」に変わっていきます。そして、その恐れが心を凍《い》てつかせるのです。

過去の出来事、未来に起こりそうな出来事ばかりを考えてしまうと、私たちの心はどんどん狭《せま》く暗いものになっていきます。

私たちはいつ、いかなる場合にも、いま、この瞬間に、心を保たなければなりません。

いま、何が起きているかということを考えて、いまは苦しいことは何もない、穏やかな時間が流れていることに気づくことです。

「どうして、あんなことをしてしまったんだろう」

「これから、こうなってしまったらどうしよう」

そんなふうに考えているときには、心は、「いま」にないのです。

いま、この瞬間に心を集中すれば、自分が安全で、守られていることに気づくはずです。

この瞬間に心穏やかでいられること以上に、私たちが望むことはあるでしょうか。

人生でもっとも重要なことは、この瞬間に生きているということです。

過去に起きたこと、これから起こるであろう未来のことは、自分ではどうしようもないことです。

だから、それを考えるのではなく、いま自分のからだが生きていること――血がめぐり、呼吸している状態を自覚して、それができていることに感謝するのです。

あなたの心臓が、いま鼓動《こどう》していること。これこそが、とても重要なことです。

心臓の鼓動が止まれば、死んでしまいます。

いま、心臓が鼓動していることだけを考えても、このままでいいという感情、この瞬間に生かされているという感情が湧き起こってくるのではないでしょうか。

私たちは、呼吸しています。それをふだん意識することは少ないかもしれませんが、あらためて考えてみると、これもとても重要なことです。

呼吸ができているということだけでも、じつは幸福なことです。

息を吐いて、吸って、また吐く。次に、もしも息を吸うことができなければ、私たちの人生は終わってしまうのです。

生かされている自分に気づく

あなたのからだがしていることを楽しんでください。

あなたは、いまこの瞬間に、あなた自身が存在していることを知っています。

その瞬間が多ければ多いほど、あなたは自分のからだをより身近に感じることでしょう。

自分のからだを身近に感じることで、人生は、このからだと共にあることを実感できるでしょう。

自分にはこのからだがあり、そこに命があるのです。

からだと心がつながっていなかったら、私たちは人生を実感できません。心とからだがつながって初めて、あなたは自分の人生を価値あるものにできるのです。そうすれば、いまよりもっと自分の人生は素晴らしいものだと思えるようになるでしょう。

呼吸を例にお話ししてきましたが、いま呼吸していることを意識するというのは、生かされている自分に気づくことでもあります。

呼吸できるのは、あたりまえではない。からだが健康で、いま安全な場所にいるからこそ、それができているわけです。

そう考えると、いま生きていることに感謝が生まれます。

自分のまわりのことすべてが、感謝に値することに気づくわけです。

いまを生きている。その「いま」が続いていくことが、私たちの人生につながっていきます。

あなたがあなた自身の人生とつながったとき、あなたは初めて、自分のまわりの人たちに目を向けます。そして、自分の人生と同じように、彼らの人生もまた美しく、大切なものであることを知るわけです。

からだと心をつなげる

怒りや悲しみを感じるとき、私たちは、そのことだけで頭のなかがいっぱいになりがちです。だから我を忘れて、大きな声を出してしまったり、いつもなら信じられないような行動に出たり、ということがあるわけです。

それがいけないというわけではありません。もちろん、そんなことはないのが一番です。

でも人間であれば、ふつうに生活していれば、そういう感情を持ってしまうことはあるでしょう。相手の感情に巻き込まれるということもあります。

喜怒哀楽、感情の起伏《きふく》があるのはしかたがないことで、それがあるからこそ人生だという見方もあります。

だから、そうした感情の起伏をないものとして見るのは無理があります。むしろ、それがあることを認めてしまいましょう。

けれども、ここが肝心なことですが、その感情は自分の一部に過ぎないことをわかる必要があります。

まず自分のからだを意識することです。

次に自分の感情を意識します。それをすることで、心とからだがつながり、私たちは私たち自身とつながることができるわけです。

私たちにはからだがあり、心がある。それにもう一つ加えるなら、私たちのエネルギーとも言うべき「気」がそこにあります。

なんとなく元気がないというときには、エネルギーがダウンしています。逆に、何かにワクワクして、やる気満々というときには、エネルギーが上がっています。

自分はいま、エネルギーが落ちている、あるいは上がっている。そのことも意識しておきましょう。

エネルギーが落ちているときに、そのことを無視してしまうと、無理が出ます。からだや心が置いてきぼりをくうような状態になるわけです。

それではうまくいきません。

からだと心、そして自分のエネルギーを意識して、つなげておきましょう。

たとえば食事をするというとき、からだは正に、栄養を取り入れることができて喜んでいるはずです。でも、それをおいしいと思って、心は喜んでいるでしょうか。

仕事や家事に追われて、食事はただ空腹を満たすだけというのでは、からだと心はつながっていません。それではエネルギーも食べたほどには上がらないでしょう。

ただ食べるだけ、ただ仕事をするだけでは、喜びも感謝も生まれません。

人生を楽しむまでには至らないわけです。

呼吸に感謝する

毎日、毎分、毎秒、私たちは呼吸して生きています。

吸って吐いてのサイクルを1回とすれば、普通の人で、1分間に平均14回の呼吸をしているそうですが、1日24時間で換算すれば、2万160回、呼吸していることになります。これを人生で換算したら、どれだけの回数になるでしょうか。

これまでの人生を振り返って、あなたは何回、呼吸しましたか。そして、そのことに、どれだけ感謝してきたでしょうか。

私たちは呼吸しているおかげで、いまこうして生きているわけですが、そのことに一度も感謝することはなかったという人は多いでしょう。

呼吸することは、あたりまえのこととして私たちは生活しています。それがあたりまえすぎて、その価値を見出せないのですが、あるとき、それができなくなったときに、私たちは初めて、その価値を知るわけです。そうなってから感謝したのでは遅すぎます。

いま呼吸できていることを感じること。これが、いま現在に心を向けるということの第一歩です。

過去の出来事を思い出したり、未来のことを追い求めたりするのではなく、いまこの瞬間に意識を向けること、その時間が多ければ多いほど、私たちの意識はよりクリアになっていきます。

日本で聞いた、こんな物語があります。

＊　＊　＊

ある山奥の禅寺に、高名な僧侶がいました。この僧侶から禅の教えを学ぶために、連日、多くの人が集まってきました。

寺に向かって山を登る人たちを見て、一人の10代の若者が、「あの人たちは何をしに行くのか」と聞きます。禅の教えを習いに行くのだと知ると、自分も行きたいと思い、禅寺に向かいました。

高名な僧侶は、その若者に会うと、裏の森に行って、「自分の吐く息、吸う息を見つめてきなさい」と言ったそうです。

若者は喜んで森に入り、息を吸ったり吐いたりしましたが、1分もしたら、そのことに飽《あ》きてしまいました。そして、「禅の教えが、こんなに退屈なものとは思わなかった」と、僧侶に文句を言います。

すると僧侶は若者をつかんで、近くの水場につれていき、水を入れた桶《おけ》に顔をつけるように言いました。

若者は言われた通りにしますが、すぐに顔を上げようとしても、僧侶がそれを許してくれません。もうこれ以上は我慢できないというところで、ようやく水から顔を上げることができました。

僧侶は聞きます。

「息を吸い、吐くことは退屈だと思うか」

＊　＊　＊

ふだんあたりまえにできることに、私たちは鈍感《どんかん》になります。

あたりまえにできているので、刺激もなければ、感謝することもできません。でも、それがいったん難《むずか》しい状況に陥ったとき、私たちは、そのことの有《あ》り難《がた》さを知るわけです。

あたりまえのことは、あたりまえでない。そのことに気づくことです。

自分が呼吸できていることに感謝できたとしたら、そのほかの、まわりのことにも感謝できるようになるはずです。

それによって私たちの心は豊かになっていきます。

自分にあるものに感謝する、それができなければ、どんなに恵まれていても、満たされることはありません。幸せを感じることはできないのです。

たくさんのものを持っていたとしても、それがすべてあたりまえになってしまうと、それはもう、持っていないのと同じです。

あなたに「あるもの」に気づくことです。それができると、自分に自信が持てるだけでなく、まわりの人たちに対しても、自分ができることが見えてきます。

それが本当の意味での、人生の豊かさをつくるのです。

第3章

尊厳を持って生きる

自分がしていることを見くびらない

意識をどこに置くか

第1章で、人生で大切なことは、つながりを感じることだとお話ししました。
ではどうすれば、つながりを感じることができるのか。
私たちは、私たち自身とつながることで、自分に対する尊厳を持つことができます。
それには、心とからだを一体化させることです。
さあ、自分自身をよく見てみましょう。
自分のからだがここにある、ということは認めることができるでしょう。
そうです、あなたのからだは、いま、ここにあります。
では心はどうでしょうか。

魂と肉体は常に一緒にあり、魂が抜けるとからだは死ぬといわれます。もしもあなたが死んでいないなら、からだと一緒に、魂もそこにあるはずです。

けれども私たちの気持ちはどうかといえば、ここにあるとは限りません。

いま本を読んでいる最中にも、あなたは、片付けていない部屋のことや、明日の仕事のミーティングのことが気になっているかもしれません。

今夜の夕食に何を食べるかを、考えているかもしれません。

病気で伏せている家族や友人のことを心配している人もいるでしょう。

そのように、私たちの気持ちはいつも、あちこち走りまわっていて、少しもここにとどまっていないのです。

寝ているとき以外は、人によっては寝ていても、たえず、いろいろなことに囚われて、過去のことや先のことを考えてばかりいます。

からだはここにあるのに、心はここにない、というのは、そういうことです。

だから、あなたが本当に、つながりを感じたいと思うならば、走りまわっている気持ちを、「この瞬間」に持ってこないことには、次が始まりません。

あなたの心とからだを、いまこの瞬間に一致させることができたら、あなたはあなたとつながります。

心はどこか別の場所にあって、からだはここにある。それでは、いつまでも離れたままで、つながることはできません。それを一致させることによって、私たちは初めて「自分」になっていきます。

心を、いまこの瞬間にとどめておくというのは、決して簡単なことではありませんが、そのことを意識することで、私たちは自分の感情にも振りまわされずにすみます。

私たちは24時間呼吸しています。

そのことを意識的にしている人はいないでしょう。人は、「呼吸しよう」と思って呼吸しているわけではありません。自動的にそうなっているんだと思っている人がほとんどではないでしょうか。

けれども第2章でもお話ししたとおり、呼吸するというのはあたりまえのことではありません。それができなくなって初めて人は、その有り難みを知るわけです。

「ああ、いま自分は呼吸している」

それを意識するだけで、肺や血液が喜びます。からだのあらゆる器官が喜ぶわけです。

心はどうでしょう。それとは別物でしょうか。

ふだんの生活では、つい別物になりがちです。とりあえずからだを満たすことはしても、心まで満足させる余裕が持てないのです。

心とからだが別物であってはいけません。

からだが喜んだら、心も一緒に喜びたい。それが人生を楽しむということです。

いま呼吸できていることを楽しんでください。

意識をそこに向けるだけで、それが簡単にできるようになるはずです。

あなたの仕事は、なぜ退屈なのか

仏教ではカルマという考えがあります。

運命はカルマによって決まるもので、いま、こうなりたいと思ったから、それがかなえられるということはないというふうに考えられています。

では、カルマとは何かといえば、「業《ごう》」――前世で行ったことによって、いまの人生は決まるというわけです。

たとえば、俳優になるような種、作家になるような種を持っている。それに水を与え育てた人が、俳優になったり、作家になったりします。

生まれながらにして目がいい人は、世界を他の人と違った感性で見ます。そういう人はアーティストになったり、政治家になったりします。耳のいい人は、音楽や語学の道に進むということもあります。

このように、生まれながらにして持つ能力、才能で運命が決まるともいえますが、それだけで100パーセント決まるものではありません。

どんなに優《すぐ》れた才能の種を持っていても、そこに水やりをしなければ、花開くどころか芽をふくことさえできないでしょう。

その意味では、運命は決まっているともいえるし、決まっていないともいえるのです。

誰もが自分の才能を発揮できる仕事につければよいのですが、現実には、そうはうまくいっていないという人がほとんどでしょう。

「仕方なく働いているけれど、いまの仕事は好きじゃない」

「いまの仕事にはまったく興味を持てない」

ということを言う人もいます。

第1章で、ものに恵まれていることが、便利さと豊かさをもたらす反面、苦しみや悲しみになることがあるというお話をしましたが、それは仕事選びにも影響しています。

いま私たちは、世の中にいろいろな仕事があることを知っています。インターネットで検索すれば、さまざまな業種と職種、それに関する求人情報も簡単に手に入れることができます。

けれども実際に、自分の仕事はどうかというと、本人にしてみれば、「退屈でつまらない仕事」に見えていることが多いのです。

どうして、そんなことになってしまうかといえば、誰もが自分の進みたい道にいけるわけではない、ということもあると思います。

私は、16歳でザ・チョジェ・リンポチェの生まれ変わりだと認められて修行に入るまでは、将来は教師になりたいと思っていました。

自分の運命を受け入れたときから、その夢は消えたわけですが、考えてみると、「教師」という職業ではありませんが、人に教えるということでは、それほど違う道に来たのではなかったと、いまは思っています。

あなたにも、幼い頃に、進みたい道があったかもしれません。けれども、親や周囲の考えや環境が、それを許さなかったということもあるでしょう。

たとえば、両親が、子どもの自分に医師になることを望んだとします。子どもは、じつは漫画家になりたいと思っていたとしても、両親の期待に応えたい気持ちから、自分の夢をあきらめてしまうということもあります。

あるいは、女性だから、男性だからという理由で、やりたいことが制限されるということもあるでしょう。

結果として、「しかたなく、いまの場所にいる」という人がいるわけです。

もしも、いま、それを変えることができるなら、それをすべきです。

「そうは言っても無理」というなら、いまのまま生きていくしかないでしょう。

あきらめなさい、と言っているのではありません。

もっと積極的に「いまの自分」を生きるのです。

アメリカの小説家、レイ・ブラッドベリの言葉に、次のような言葉があります。

「Love what you do and do what you love」

「あなたがやっていることを愛しなさい。あなたが愛していることをやりなさい」という意味ですが、いまを変えられないというなら、いま自分がしていることを好きになれるようにエネルギーをかけることです。

「こんな仕事は好きじゃない」と思っていても、もしかしたら、その仕事の本質をつかめていないかもしれません。

人は、あまりよく知らないことには、疑いを持ったり、「きっとこうに違いない」という勝手な思い込みで、それを捉えてしまうことがあります。

自分に合う仕事を選択する

自分に合う仕事を選ぶときに、その基準は2つあると思います。

一つは、論理的な理由で判断する。学歴やスキル、報酬などから、その仕事に就くことです。もう一つは自分の情熱で判断する。理屈ではなく、これがしたいと思って、その仕事に就くことです。

後者で仕事を選択する場合には、他者には理解してもらえないこともあるかもしれません。自分の心の底から情熱が湧いてきて、たとえ家族に反対されても、それを通すということです。

では、どうすれば自分の心の底から湧き上がるような情熱に出会えるかといえば、そう簡単に、それを見つけることはできないでしょう。

頭のなかでちょっと考えて、「そうだ、自分にはあれしかない」と思うようなときには、たいていの場合、その「あれ」は、心の底から湧き上がるような情熱を起こすものではありません。

たとえば「歌手になりたい」「作家になりたい」「世界的に知られる企業家になりたい」と思ったときに、それが情熱から湧き起こったものか、ただの憧れにすぎないのかを確認してみましょう。

たまたま、それを現実にやり遂げている人に出会って、「あんなふうになりたい」というだけでは、「憧れ」の域を出ていません。

そういう人を知って、その人のしていること、努力や苦労もわかったうえで、それを自分もやりたいと思うのかどうかです。

仕事を選ぶときに、論理的な判断と情熱からの判断の2つの方法があるというお話をしたわけですが、前者と後者を比べると、自分の感覚を大切にしている後者のほうが良いように思うかもしれません。

けれども、私は前者であっても良いと考えています。

論理的に割り切ったうえで、そこから自分のしていることを愛せたなら、決して間違った選択ではないと私は思います。

誰もが自分の情熱を捧げたくなるようなことに、若いうちに出会えるとはかぎりません。たまたまの流れで行き着いたところが天職だったという人もいるでしょう。

だからこそ、いま自分がしていることを見くびらないことです。「つまらない」と決めつけて、努力を怠《おこた》ることほど、つまらないことはありません。

自分の価値を見出す

自分のことを好きになれない、という人も少なくないと聞きます。

自分を取るに足らない存在だと考え、何をするにも自信が持てないというのですが、価値のない人はいません。自分に価値がないなどと言ってはいけないのです。

私たちは、誰もが尊《とうと》い存在です。そして、誰もが一人ではなく、絆を持って生まれ、生きています。

第1章で、自分にあるものを見ていくことが大切だとお話ししましたが、それをすることで、自分に自信が持てるようになります。

誰かに「あなたは価値がある」と言ってもらわなくても、あなた自身がそれを認めることが大事なのです。

他人に敬意を払うことは、とても大切です。

でも、それと同じくらい、自分にも敬意を払う必要があります。

「敬意」とは、その対象の中に「尊敬できる価値」を見出すことです。

まずは、自分のなかに、「尊敬できる価値」を見つけてください。

それは、自分に対しての尊厳を持つことですが、それができる人、それを保てる人は、他者に対しても尊敬を持って接することができます。

自分にも他者にも尊敬の念を持つというのは、仏教において、とても大切な教えです。

お釈迦様は、私たちに「八万四千の法門《ほうもん》（教え）」を残しましたが、それを一言で表すならば、「この世で、私たち人間はそれぞれ、お互いにかけがえのない尊い存在である」ということに尽きると思います。

仏教では「殺生はいけない」としていますが、それはなぜかといえば、他者の命も、自分の命も、大切な命であるからです。それぞれにかけがえのない存在だと認めるから、殺生はいけないと言っているのです。

自分自身の命に尊厳を持っていれば、たとえば自殺するなどという考えは起こせないはずです。他者の命にも、自分が本当に尊厳を持って接するのであれば、それを傷つけたり殺《あや》めたりする行為もできないはずです。

仏教には、「盗んではいけない」という教えもありますが、これも、命に対する敬意を持つことに基づいています。

他人に対してはもちろん、自分に対しても、決して危害を加えないということが大事なのです。

そのことが私たちの人生において、「大きな利益」をもたらすことにつながるのではないでしょうか。

自分も相手も傷つけないことで、私たちは幸せになれる。それと同様に、他者に対しても幸福を与えられる存在になれる――これが仏教の考える「利益」です。

人生は思う通りに変えられる

自分にも相手にも尊敬の念を持つことが大事だということはわかっていても、それができないこともあるでしょう。

「頭では理解できても、心がついていかない」というようなことは、よくあることです。

そのようなときには、もう一度、「自分にあるもの」を見直してみることです。

腹を立てたりしたときには、その相手に対して、敬意など払いたくないと思うかもしれませんが、そういうときこそ、「あるもの」にフォーカスすることが大切なのです。

むずかしくても、相手の足りないもの――欠点や自分にしてくれないことを挙げるのではなく、その人のキャリアや努力を見るように心がけてみるのです。

最初はうまくいかなくても、意識してそれをすることによって、「尊厳」の気持ちは大きくなります。

ポジティブな考え方は、自分にあるもの、自分にできることに視点を置くことで、平穏な心が生まれ、育っていくわけですが、それによって、自分自身を幸せにし、他者をも幸せにする。すなわち、お釈迦様がおっしゃった「人生の目的」が、そこにあります。

それこそが「幸せな人生」であり、「幸せな人生」とは、とてもシンプルなのです。

「幸せになれない」と嘆《なげ》く人がいたら、それは、誰かのせいではなく、自分のせいなのです。違う言い方をするなら、幸せな人生は、誰かの手にゆだねられているのではなく、自分で、いくらでも、そのようにできるということです。

「あの人が、きっと幸せにしてくれる」とか、「あの人が私を幸せにしてくれない」などと言っているうちは幸せにはなれません。

自分の幸せは、他人に期待するのではなく、自分自身でつくっていくものです。

何か始めようと思っても、「明日から始めよう」と言っているだけでは、いつまでたっても、あなたの「幸せな人生」は始まりません。

いま、この瞬間から、人生を変えたいと思い、それを実行に移す人だけが、幸せを手にできるのです。

私たちは、それぞれできること、得意なことが違います。

その自分にできることを見つめて、考え方をポジティブに持っていければ、あなたの人生は変わっていきます。

第4章

命として
認め合う関係

避けて通るだけでは
問題は解決しない

むずかしい人たちの存在

世の中にはたくさんの人がいます。
背の高い人、背の低い人。太った人、やせた人。
優しい人、怖そうに見える人。にぎやかな人、おとなしい人。
正直な人、嘘つきな人。好きな人、嫌いな人。
あなたのまわりには、どんな人たちが多いでしょうか。
あるとき、こんな質問を受けました。
「どんな人とも仲良くしていきたいですが、イヤな人もいます。
そんな人とはどうつき合っていけばいいでしょうか」

できれば関わりたくない人、受け入れたくない人というのは、誰にでもいるものです。

私はそういう人たちを、「むずかしい人たち」と呼んでいます。

こういう人たちは多いかというと、それほどではありません。

ときとして、「世の中はむずかしい人たちであふれている！」と思うことがあるかもしれません。

一人の「むずかしい人」に出会うと、その後ろには1000人くらいの同じような人たちがいるように感じてしまうことがあります。

それが何回か続くと、もう自分の人生は、こういう人たちに塗《まみ》れてしまうと考えてしまいますが、自分がそう思うだけで、実際にはそんなことにはなりません。

ところで、こうした「むずかしい人たち」は、どうして私たちの前に現れるのでしょうか。

それは他でもなく、私たちに大切なことを教えるためです。

その意味で、「むずかしい人」は、じつは「人生の宝物」だと言うことができます。

どうしてかわかりますか？

この世界には72億人の人がいます。

その72億人のうち、あなたは何人の人を知っているでしょうか。

おそらく、私たちはそれほど多くの人を知っているわけではないでしょう。ほとんどが、知らない人たちです。

名前を知っている人を数えても、多い人でも1000人くらいがせいぜいではないでしょうか。

では、そのなかで「むずかしい人」は何人いるでしょう？

知り合い全員が「むずかしい人」という人は、ほとんどいないはずです。

自分の家族、親戚、同じ職場の人、友達、近所に住む人たち、同窓生や過去の一時期に親しくしていた人など、自分と関わる人たちと考えたら、「むずかしい人」の数はどんどん限られていきます。

もしかしたら5人くらいかもしれません。72億人のうちの5人だとしたら、その影響はどれだけあるでしょうか。

たとえイヤなことをされたとしても、それがずっと継続するかというと、そんなことはないでしょう。これまでだって、なんとかやってこられたのです。

さあ、むずかしい人たちが、それほど多くないということがわかったら、その人たちに、どんな価値があるかを考えてみましょう。

たとえば、その人に、「あなたはダメだ」と言われたとします。

そんなふうに言われると、まわりの人たち全員が、「私をダメだと思っている」と考えてしまいます。

そうなると、その人たちのことを、まるで敵のように見てしまいますが、現実に目を向ければ、「ダメだ」と言ったのは、たった一人ということに気がつきます。

そのたった一人は、どうして、そんなことを言ったのでしょうか。

その人は私たちに何かを教えてくれようとしています。本人は、そんな気はまったくないかもしれませんが。

その何かとは、我慢や忍耐といったものです。

忍耐力は、誰もが与えてくれるというものではなく、そういう「むずかしい人たち」だからこそ、私たちにそれを教えられるのです。

そして忍耐は、人生においてとても大切なことだと思います。

自分も相手も大切にする

忍耐は怒りを和らげます。忍耐強くなればなるほど、あなたは怒りの感情をかかえこまずにすみます。

怒りというものは、あなたの人生を破壊するもので、それは悪い方向にいくばかりです。

怒れば自分の人生の価値を下げることは、私たちはわかっているにもかかわらず、怒りの感情を抑えきれないことがあるわけです。

そこに必要なのが忍耐です。

忍耐は、怒りを抑える特効薬として役立ちます。怒りが持つ否定的な部分をすべてクリアにすることで、モヤモヤした気持ちが晴れて、からだの内からすっきりとしていきます。

他者とつき合うときに忘れてはいけないことは、相手を命として認めることです。どんなにむずかしい人でも、大切な命として相手を捉えると、つき合いやすくなるのではないでしょうか。

人間関係で、自分がしてほしいことを相手にもする、相手が望んでいることは自分が望んでいることだというのが、仏教の教えですが、どうすれば、そんな気持ちになれるかといえば、相手を大切な命として捉えることです。

自分も相手も大切な命で、私たちは互いにつながっています。

もしも、相手のイヤなところが見えたとしたら、自分のなかに、それがあるせいかもしれません。自分にそれがあるから、反応しているわけです。

もしも自分にまったく存在しないものなら、相手のそれに反応することはありません。

たとえば、嘘をつく人は、相手も嘘を言うに違いないと考えます。

ところが、嘘を言わない人は、相手が嘘をつくなんて考えもしないわけです。

「嫉妬されている」と感じたら、自分のなかに、嫉妬の気持ちがあるのかもしれません。

「だまされるかもしれない」と思うのは、自分のなかに、だます気持ちがあるのかもしれません。

「この人はむずかしい人だな」と思ったとき、自分は相手の何に反応しているのかを見ておきましょう。

それはまだ表面的には出ていなくても、じつは自分のなかに、そういったものがあることが引っかかって、ある意味それが出るのが怖い、自分自身のそれを見るのが怖い、ということもあるように思います。

「むずかしい人たち」は、忍耐だけでなく、そうしたことも私たちに教えてくれるのです。

すべての出会いに意味はあるか

自分の持っていないものは、相手に出ない。自分のいろいろな欠片《かけら》は、ミラーボールのどこかに映って現れてくるものだと、私は常々思っています。

そのことを友人に言うと、こんな話をしてくれました。

「タクシーに乗ると、いろんな運転手さんがいて、それこそ、親切で道もよく知っている人もいれば、車に乗ったときから機嫌が悪い人もいて、その場合には、こちらも気分が悪くなって、つい偉そうな態度をとって、あとでとても落ち込みます」

もしかしたら、あなたにも同じような経験があるかもしれません。

前で、相手のイヤなところを見てしまうのは、自分にも、そういう部分があるからだという話をしましたが、相手が、自分の知り合いであるかどうかで、それはまったく別物というふうに考えます。

つまり、たまたま乗り合わせたタクシードライバーの気持ちに、あなたが引きずられることはないということです。

たとえば、そのタクシードライバーの背景を見たときに、もしかしたら朝出てくるときに奥さんとケンカしたのかもしれない。または、家族に病気の人がいて、心配で気が立っていたのかもしれない。それを慈悲の心で見てあげるならば、その人とも「つながっていること」を意識して、「ああ、きっとこの人は大変なことがあったのだろう」と思ったところで終われるわけです。

タクシードライバーに文句を言って、そこで戦う必要もなければ、自分自身のこととして反省する必要もありません。

相手の人のことをよく知っていて、そこに関係性があるなら、自分のなかの何かが相手に反応しているというのはわかります。けれども、そうでない相手に、教訓を無理に見出そうとすることはないのです。

自分とはまったく関係のない人の怒りを、たまたまぶつけられるということは、日常生活では案外多いものです。でも、わけのわからない怒りに対して、怒りで反応してしまったら、それこそトラブルの元です。

必要なものだけを受けとればいい

ここで一つ、逸話をお話ししましょう。

＊　＊　＊

ある一人の僧侶が、洞穴にこもって、ずっと瞑想《めいそう》していました。あるとき里に下りてきたのですが、ずっと瞑想していたので、お風呂にも入れていないし、法衣もボロボロです。

すると一人の男が近寄ってきて、

「おまえなんか汚いし、ただ瞑想しているだけで、何の役にも立っていないじゃないか」

と僧侶に罵詈雑言《ばりぞうごん》を浴びせました。

僧侶はだまって、ニコニコしながら、それを聞き流しました。

男は言いたい放題でしたが、もうこれ以上言うことがなくなったところで、どうして何も言い返さないのか、僧侶に尋ねました。

すると僧侶は、

「誰かからプレゼントを贈られたときと同じで、私は受けとりたければ受けとる、受けとりたくなければ、それは受けとらない。

いま、あなたはここにやってきて、いろいろな言葉をくれたけれど、それをどうするかは私の問題ではなく、あなたの問題なのですよ」

と言ったそうです。

＊　＊　＊

男が罵詈雑言を僧侶に浴びせたのは、僧侶に言いたいことがあったのではなく、おそらく何か別の問題があって、そのかわりの行為だったのでしょう。

人生には、ケンカを仕掛けられることもあれば、自分からケンカを仕掛けてしまうこともあります。

むずかしい人たちは、至るところにいます。見知らぬ人もいれば、家族のなかにいることもあります。

むずかしい人が家族である場合には、問題も起こりやすいかもしれません。

たとえば、ひと組の夫婦がいます。ときには妻が夫に対して「むずかしい人」になります。また、ときには夫が妻に対して「むずかしい人」になります。

そういう関係だとしたら、妻が気難しくなったとき、夫は気楽にしなければなりません。夫が気難しくなったときは、妻が気楽にしなければなりません。それがむずかしい場合には、事態は深刻化していきます。

むずかしい人が前にやってきたときに、同じような思いでぶつかり合うと、それは、たぶん収まらなくなってしまうでしょう。

でも、相手の怒りに巻き込まれることなく、起きていることだけに意識を向けて、それも一つの価値として認めてあげようと思えれば、それはただの出来事で済むわけです。

あなたに縁がある人は、何か役割を持って、あなたの前に現れています。

彼らは、あなたへのプレゼントを用意しています。それはあなたにとって、意味があるものかもしれませんし、意味のないものかもしれません。

そして、そのプレゼントを受けとるのか、受けとらないのか。その選択権は、あなたにあります。

第 5 章

感情に振りまわされない

日常の小さなイライラを
自分から手放す

怒りの感情とどう向き合うか

「リンポチェは怒ることはないんですか?」とよく聞かれます。

うまくいかないことはもちろんありますが、それで人に怒ったり、怒鳴ったりするということはありません。

自分では大きな心でありたいと思っても、その小ささに情けなくなるときもあるでしょう。だからといって、そのたびに怒っていたらどうでしょうか。

怒ることは簡単です。一時はそれで気が済むということもあるかもしれませんが、それで本当に解決するかと言えば、そうでないことのほうが多いはずです。

そう言うと、こんどは「私は絶対に怒らない」という人もいます。怒っていることを「ないこと」にしてしまうのですが、それで解決することもありません。

逃れたいと思っても、逃れられる問題ではないこともあるわけです。

では、どうしたらいいのか。

自分が怒っていることを、俯瞰《ふかん》してみましょう。

「ああ、いま、そういうことが起こっているんだ。

それで私は怒っているんだ」

ということを自分で知る必要があります。

私たちは怒っているときは、怒っている以外のことは何もできなくなります。

怒りの感情は、私たちから考える心を奪います。

もしも怒りを感じたら、その瞬間を手放してください。

怒りの感情と戦うことはできません。いまは何もできないことを知って、ただ起きていることを俯瞰するのです。

怒りは失望感であることもあります。

「もうおしまいだ」

「こんなことになるとは思わなかった」

という気持ちが怒りになることもあります。

それには解決できることもあれば、解決できないこともあります。

だから、それに対処する必要はありません。

「自分は、こういうことで怒るんだ」ということを知るだけで充分です。

そのうちに対処できるようになるかもしれませんが、それまでは流しておくようにしましょう。

誰に怒っているのか

怒りの感情はどうして起きるのかといえば、たとえば犬がいたときに、私たちが犬に何もしなければ、犬も何もしないでしょう。けれども、私たちが何か危害を加えようとしたら、たちまち犬は牙《きば》をむいて、私たちに襲《おそ》ってくるかもしれません。犬がなぜ襲ってくるかといえば、そこには恐怖があるからです。

怒りの感情も同じで、そこには恐怖がある、と私は思っています。

その恐怖が過剰になったとき、怒りとなって現れるのではないでしょうか。

あるいは、他者への期待が、怒りとなることもあります。

「きっと、こう言ってくれるに違いない」

「こうしてくれるに違いない」

そう思っていたところが、相手が自分の期待通りに応えてくれないと、怒りの感情が湧いてくるわけです。

最初はそれほどの感情を抱いていたのではなくても、欲求不満となってストレスがたまり、それがついに爆発するのが、怒りではないでしょうか。

「怒りの感情」を扱う方法は、いくつかあります。

たとえば、怒りをそのまま表現するというのも、一つの方法です。

それとは反対に、怒りをぐっとこらえて、表に出ないようにコントロールするという方法もあります。それにはどうすればよいかということに関する本も、たくさん出版されています。

では私はどうするかといえば、「怒りに対して、怒りを覚えない」ようにしています。

怒りの感情というのは、よくないものと思っている人がほとんどでしょう。だから、怒りの感情が湧いてしまった瞬間に、「あ、怒ってしまった。自分はなんて未熟なんだ、ダメなやつなんだ」というふうに、自分に対して怒りを起こしがちです。

怒りに対して怒っているのは誰かといえば、ほかでもない自分自身が、それをしているわけです。

そして、怒りは誰に向けられているかといえば、それもまた、自分自身です。

自分が自分に対して怒っているというのが、怒りの感情なのです。

怒りというと、私たちは誰かに対して怒っているというふうに考えがちですが、そうではありません。自分の怒りのもとを見つめていくと、自分自身に対して怒っているというのがほとんどだといってよいでしょう。

アメリカで私が友人の家を訪ねたときのことです。

友人から、こんな相談をうけました。

「うちの妻に対して腹が立ってしかたがないんだ。何をしても、すぐに怒ってしまう。どうしたら、怒らずにいられるだろうか」

私は彼に聞きました。

「あなたが怒っているのは、奥さんに対してですか？　本当は、奥さんに腹を立てているのではなく、自分自身に対して腹を立てているんじゃないですか？」

まず自分自身に対する怒りをとめることです。

そうすれば、相手に対する怒りもおさまってきます。

自分の器を大きくする

自分も尊重し、自分以外の人も尊重する。それができていれば、諍《いさか》いなど起きないはずですが、人との関係でイライラしたり、腹を立てたりというのはよくあることです。

「こんなことはたいしたことじゃない」

と思っても、いえ、そう思えば思うほど、そんな小さなことにこだわっている自分に、さらに腹が立つということがあります。

そんなとき、どうすればいいでしょうか。

ここで、チベットで有名なお話を一つ、ご紹介しましょう。

＊　＊　＊

僧侶がいました。あるとき弟子に、「ここに水を注《つ》いできなさい」と小さなお椀《わん》を渡しました。弟子はお椀にこぼれない程度の水を入れて持ってきました。

僧侶は「こんどは塩を持っておいで」と言い、弟子が塩を持ってくると、さきほどの水を注いだお椀に塩を一つかみ入れて混ぜました。

そして、

「これを飲みなさい」

と弟子に言います。弟子は言われるまま飲もうとしますが、小さなお椀に、それだけの塩を入れたのですから、塩辛くて飲めたものではありません。

それからしばらくして、僧侶は弟子を湖に連れていきました。

湖を眺めていると、僧侶はまた弟子に言いました。

「このあいだと同じように、湖に塩を入れなさい」

弟子は、言われた通りにしました。

「では、湖の水を飲みなさい」

弟子は飲みました。

「味はどうかね、こんども塩辛くて飲めないか?」

「いいえ、こんどは塩辛くありません」

すると僧侶は、「それが私の教えなんだよ」と言ったそうです。

＊　＊　＊

さあ、僧侶は弟子に何を教えたのでしょうか。

「私たちの心は、この水のようなものだ」

これが僧侶の答えです。

少しの塩でも、小さな器では、水は塩辛くなってしまうわけです。「塩」が人生で体験する問題だとすれば、小さな問題も大きく見えます。

でも、大きな器では、同じ量の塩を入れても、塩辛くなりません。つまり問題も、それほど大きなものと捉えずにすむわけです。

同じ量の塩でも、自分の器を大きくすれば、湖に塩を入れたときのように塩辛くなることはないでしょう。

「自分の心を広げることが大切なんだよ」

と僧侶は弟子を諭《さと》したわけです。

誰か一人を犠牲にしない

人生にトラブルは付きものです。どんなに自分で注意しても、トラブルと一切関わらないでいられるというのは、私たちの人生においては不可能だということは、誰もが知っているでしょう。

あるときは、自分自身で問題を起こしてしまうこともあります。また外から問題が起きることも当然あります。

そんなとき、私たちは、自分の心がそう大きくはないことを思い知るわけです。

「あいつが悪いんだ」

あるいは、

「自分が悪いんだ」

と誰か一人を犠牲にして、そのことだけで頭がいっぱいになります。

でも、それでは器の水は塩辛くなるばかりです。

では、どうすれば大きな器になれるかと言えば、たとえば宇宙を想像してみてください。

空には天の川があり、銀河系へと広がっています。宇宙から見れば、この地球さえも、数多《あまた》ある星の一つにすぎないわけです。

私たちの世界には制限がありません。

あなたが思っただけ大きくすることができるのです。

別の言い方をすれば、私たちの器を小さくしているのは私たち自身です。

小さな器では、たとえ一粒の塩でも水は塩辛くなってしまうでしょう。

問題が起きたときに、その問題を大きく見るのか、小さく見るのかは、自分の器しだいなのです。

何か起きたときには、私たちは、その物事が大きなものであるかのように思いがちです。人は突然のことには動揺してしまいます。

人生にはトラブルは付きものだとお話ししましたが、そうだとすれば、驚くことはないのです。

「こんなことがあるんじゃないかと思っていたよ」と思えば、久しぶりの友人と会うように、そのことと向き合えるかもしれません。

初めは大きな問題だと思ったことも、冷静になってみると、「そうでもなかった」というのはよくあることです。

現実にフォーカスする

私は、怒ってはいけないと言っているのではありません。

感情には喜怒哀楽があり、怒りはその一つにすぎません。

人にぶつけるものでもないかわりに、自分のなかで無理に抑える必要もないわけです。

怒りの感情が湧いてきたら、それをないものとするのではなく、ただ俯瞰する。つまり、怒ることは、それでいいのです。

日本の職場では感情的になって怒りを表に出すことは、よくないことだとされているそうですが、それが高じて、怒ってしまった自分に怒る、ということがあるようです。

私が思うに、怒る人にはさまざまなレベルがあります。

けれども、そのもとにあるのはすべて恐れではないでしょうか。

たとえば、自分はこの道を行きたいと思ったのに、誰かによって、それができないというときに感じるのは、怒りというよりもフラストレーションではないかと思うのです。

「どうして、それができないんだ！」

というフラストレーションがあって、それが怒りに変わるわけです。

けれども、そのベースにあるのは恐れです。

この道を行きたいのに、別の道に行かなければならないとなると、そこでは何が起こるかわかりません。どうなるかわからない道に行くのが怖いために、「この道を行きたい」と言っているわけです。

けれども、それが受け入れられないとき、まずはフラストレーションが起きて、次に失望が来る。それが怒りとなって現れます。

そのとき気持ちは穏やかではいられません。動揺してしまいます。

「この道は行けない」と言われているだけなのに、すべての道が閉ざされてしまったかのように考えてしまいます。

そうしたことが二度三度と続くと、自分は誰からも認められていないのだと感じて、フラストレーションを抱え、自分に失望している。いつのまにか被害者意識が育って、いつも何かに怒っている、というふうになってしまいます。

自分には何の助けもないと感じてしまうと、誰も何もできることがありません。動揺した状態が続いて、それがゆっくりと怒りに変わっていくわけです。

「ああ、どうしていつもこうなんだ！」

と、心にいつも、怒りの炎を燃えたぎらせています。

次から次へといろんなことが起きますが、それらは常に怒りを引き出すようなことばかりです。それが果たして、本当にそうなのかと考える余裕はありません。

怒りは、あなたから多くの人を遠ざけます。

あなたを助けたいと思っても、あなたに近寄ることができません。なぜなら、あなたが怒っているから。

あなたは孤独感を抱きながら、自分のなかでストーリーをつくり始めます。

結末はいつも同じです。

「あの人が台無しにした」

そして、そこで考えたことは、すべて実際にそうなると確信しています。

でも、じつは誰も、何もしていないのです。

何も起きていないのに、「もうダメだ」と決めつけてしまうわけですが、なぜ、そんなことになってしまったかを考えると、自分のなかの恐れが、それをしたのです。

いま、あなたは、何も起きていないことを知らなければなりません。

自分以外の人が敵に見えたのは、自分がストーリーをつくったからで、そのストーリーは現実に起きていることとは違っています。

まずは、そのことを理解しなければなりません。

あなたのストーリーと現実を分けて考えてください。

あなたはストーリーをつくることができます。けれども、それを全面的に信じてはいけません。

恐れの壁を乗り越える

怒りを感じたとき、恐れを感じたとき、私たちは、自分一人だけだと思ってしまいます。「自分は孤独なんだ」という思いが、自分のなかの怒りや失望を深く、大きなものにしてしまいます。

ときに、それがきっかけとなって、うつ状態に陥ってしまうこともあります。そうなると、心が冷え込んでしまうような孤独感を抱いて、自分ではどうすることもできなくなってしまうのです。

人生に絶望し、もう生きていたくないという気持ちになり、それを実行してしまう人も決して少なくありません。

では、どうすれば、そうした状況から気持ちを切り替えていけるでしょうか。自分は孤独ではないという「誰かとのつながり」を感じることができるでしょうか。

うつの人は、まずはからだに変調が出ます。

表向きには何もないようにしていても、家に帰ると、肩を落として、うなだれているかもしれません。あごを引いたようになっているわけですが、そうなると深い呼吸ができなくなってしまいます。

いま、あなたはどんな姿勢をとっているでしょうか。

肩は開いていますか。顔は前を向いていますか。

もしも、肩が閉じて、顔を下に向けているとしたら、それは一つの大きなサインです。

体操でもヨガでも、何かエクササイズを始めて、肩が開いて、顔が上に向くようにしてください。

できれば、山でも海でも森でも、自然に触れられる場所に行って、空を見上げてみましょう。下ばかり見ていた目が上に向いて、視界が広がります。

また、口角を上げることも意識してやってみましょう。

口角とはくちびるの両端のことで、人の顔を絵にするときに、口角を下げると、口がへの字に曲がって困ったような顔になります。口角を上げると笑顔になります。

口角は脳の何かとつながっていて、口角を上げて笑顔をつくるだけで、元気を取り戻すといわれています。そんなふうに、口角を意識するだけでも、活性化されていくということではないかと思います。

気持ちを切り替えろと言われても、そうできないから困っているわけです。

まずは、気持ちは置いておいて、身体的に簡単にできることをやってみましょう。

そういうときには、何かと億劫《おっくう》になりがちですが、意識してそれをすることで、表面的なところから変えていくことができます。

「もう何もかもがイヤだ」というときにも、いえ、そうした状態だからこそ、そこから抜け出したいという気持ちがあります。

そう思いながらも、ただ暗闇の中でうつむいているだけでは、世間から離れていくばかりです。

でも、まずは顔を上げてみる。口角も上げてみる。そんなことで、変化が起きてきます。

あなたは独りぼっちではありません。

人は、誰もがつながった存在です。

この本を手にしているということだけでも、私とつながっているのです。

つながりは、相手からだけというわけではありません。

たとえば誰かに、自分から声をかけてみるということでも、つながりを感じることができます。

そんなことが、あなたが恐れを乗り越える助けになるでしょう。

第 6 章

悲しみを受け入れる

それもまた
人生の一部であることを知る

死は、なぜ悲しいか

悲しみは悲しみとして受け入れる、というのはあたりまえのことですが、その悲しみが深ければ深いほど、それを受け入れがたい気持ちになります。

そんなときチベットでは、悲しみを無視することもなく、隠すこともなく、ただ慈悲の心でそれを見てあげなさい、ということがいわれます。

慈悲とは、仏教では、相手の幸福を願うことをいいます。それがどんなに悲しいことであっても、相手の幸福を思って、それに耐えることが大切なのです。

ダライ・ラマ法王は、それを「思いやり」という言葉で表現しています。

悲しみを受け入れるのは、つらいものです。

大切な人が亡くなったとき、「あの人は死んだんじゃない。旅に出ているだけだ」というような思い方をしようとする人がいます。

一時は、それで気が紛《まぎ》れるかもしれませんが、本当の意味で、その死を受け入れていないので、また悲しみをどこかで味わうことになります。

人は必ず死ぬ、けれども死ぬ人はいないというのは、この輪廻転生を信じているからです。

ところで、人は生まれ変わるなら、たとえ死んでも悲しむ必要はないのかと聞かれたことがあります。

たしかに私は、輪廻転生を信じています。

師匠が輪廻転生することがわかっていても、やはり亡くなるときには、とても寂しいですし、悲しいです。

悲しみはあります。

たとえば友達としばらく一緒にいて、でもその友達がどこかに引っ越していくというとき、たとえ友達が元気でいたとしても、やっぱり寂しいし、悲しいじゃないですか。

いくら戻ってくる、またいつか会えるとわかっていても、悲しいということはあるわけです。

悲しいと感じたときに、悲しくない、悲しいと思ってはいけないと、考えてはいけません。

怒りを感じたときに、怒っている自分に怒ってはいけないという話をしましたが、悲しみも同じです。

無理に涙をこらえる必要はないのです。

自分の悲しみを、静かに受けとめてあげてください。

輪廻転生の考え方

仏教では「輪廻転生」という考え方があります。

人は誰でも生まれ変わるのです。

「人は必ず死ぬ。でも死ぬ人はいない」というのはチベットに伝わる言葉です。

ところで人は、人に生まれ変わるとは限りません。

仏教では、人が人に生まれ変わるとは教えていないのです。

過去世において動物だったときもあれば、昆虫だったときもある。今世では、たまたま人間に転生したというだけです。

そして、もっと大きな捉え方をするならば、これだけ広い宇宙で、地球だけが唯一の星であるという考え方もしていません。当然どこかの惑星に転生していることもあるでしょうし、またどこかの惑星の人が、こんどは人間をやってみようと思って、この地球に来ていることもあるでしょう。

今世では人に生まれても、前世は昆虫だったかもしれない。来世は動物かもしれない。あるいは地球ではなく、他の場所に生まれるかもしれない。これがお釈迦様の時代から信じられている「輪廻転生」の考え方です。

仏教の経典には前世を著《あらわ》した因縁《いんねん》物語も数多く収められています。

お釈迦様がうさぎだった前世物語は、どうして月にうさぎがいるのかの元になったものですし、あるいは、お釈迦様ご自身のことではなく、釣り上げられた大きな魚を見て、この魚の前世は人間だったのだと、お釈迦様が語られるというエピソードもあります。

なかでも有名なものに、「捨身飼虎《しゃしんしこ》」の話がありますが、これは法隆寺所蔵の「玉虫厨子《たまむしのずし》」の側面に、その図が描かれています。

どんな話か簡単にご紹介しましょう。

＊　＊　＊

お釈迦様がお釈迦様になる前の、もっともっと古い前世の時代――摩訶薩埵《まかさった》太子だったときのことです。

太子は二人の兄と共に竹林で一頭の虎を見つけました。

その虎は7日前に出産したばかりで、そのそばには7匹の赤ちゃん虎がいました。飢えのために、親子共々死にそうになっていました。

太子たちもまた貧しく、虎にやれる食べ物がありません。兄たちがその場を立ち去ろうとしたとき、薩埵太子は自分のからだを虎に食べさせてくれと言って、我が身を捧げたのでした。

そのとき、「自分がいつか悟りを開いたら、子どもたちに達磨《だるま》大師の経典を与えよう」と母親虎に言ったといいます。

＊　＊　＊

それから時代が変わって、お釈迦様が悟りを開かれたとき、5人の修行者が最初の弟子になりました。これを「五比丘《ごびく》」といいますが、そのうちの一人である阿説示《アッサジ》は、このときの赤ちゃん虎が転生したと伝えられています。

悲しみには悲嘆と落胆の2つがある

人が悲しいというとき、その悲しみには、「悲嘆」と「落胆」の二つがあると思います。

悲嘆は、本来の悲しみのことで、たとえば親を亡くしたときに、心から悲しく思うような感情です。

落胆は、それとは少しニュアンスが違います。「落胆」には必ず、悲嘆にはなかった「自我」が紛れ込んでいます。

自分の親が死んでしまったというとき、悲しくなるというのは自然な感情でしょう。

けれども、それをもう少し分析してみると、同じ悲しみでも、悲嘆と落胆に分かれるように私は思っています。

親を亡くして悲しいということでは同じですが、落胆は、そのあとに、「これから自分はどうしたらいいんだ」という自我が入り込むわけです。

それが、知らずしらずのうちに怒りや恨みに変わってしまうことがあります。

「どうして親は、自分を遺して死んでしまったのか」

「親がいなくなったせいで、自分は不幸になった」

というふうに考えてしまうのです。これでは単なるわがままで、本当の意味での悲しみを感じているわけではないでしょう。

親に限らず、大切な人を亡くしたとき、私たちはその寂しさから、自分を遺して死んでしまった人に対して怒りや恨みの気持ちを抱くことはあるかもしれません。

けれども、それは自分のわがままであることに気づくことです。

落胆ではなく、本当の意味での悲しみとして、悲しみを受け入れてください。

ところで、悲しみは不幸かというと、それは少し違います。

たとえば自分の子どもがいて、その子が病気になったとき、母親は悲しみますが、それがそのまま不幸であるということにはつながりません。

悲しみは自我というものがなくても訪れる感情です。

仏陀《ぶっだ》や菩薩《ぼさつ》というのは、たとえば苦しむ生き物を見たとしたら、とても悲しみます。けれども自我はありません。どういうことかといえば、他者の痛みを共感しても、彼ら自身が不幸になるということはないのです。

苦しみや不幸は何から来るかと言えば、自我に対する執着から、それは生まれます。これが強ければ強いほど、「自分は不幸だ」というふうに思うわけです。

心理学の研究でも、そのことが証明されていて、自分に執着するほど人は不幸になる。自我は置いて、つまり自分のことは後まわしにしても、他人に何かしてあげたいと思う人は、幸福を感じやすいという報告があったそうです。

希望の光が消えることはない

人生には、悲しい出来事がいろいろ起こります。

これまでお話ししてきたように、大切な人が亡くなったときの悲しみは深いものですが、それ以外にも、たとえば家を失ったり、病気になったり、事故にあったりしたときにも、悲しい気持ちに襲われるでしょう。

その悲しみを、どこにもぶつけることができず、自分一人で抱えてしまうと、悲しみはいっそう深く、重たいものになっていきます。

どんなことがあっても、あなたは一人ではないことに気づいてください。

この本で何度も繰り返している通り、私たちは、誰もがつながりを持っています。

たとえ大切な人が目の前からいなくなっても、あなたとのつながりが消えてしまうわけではありません。

たとえ大切な場所を失っても、いま、あなたが立っているその場所に、あなたの居場所はあるのです。

私たちチベット人は国を失いましたが、おかげでダライ・ラマ法王が世界に向けて、仏教の教えを説く機会は増えたと私は思っています。

どんなに悲しい状況においても、私たちは、希望を失うことはありません。

私たちは誰もが尊い存在で、命はつながっています。

いまのあなたにできることがあります。

人生は、それをするためにあるといっても過言ではありません。

悲しみに、うちひしがれてもいいのです。その悲しみを隠そうとしないでください。

一生笑うことなんてない――そんなふうに思えることを体験しても、笑顔を取り戻す力が、きっとあなたにあると信じています。

第7章

幸福の条件

自分が決めさえすれば
幸福に生きられる

心を開き、受け入れるということ

「あのことがうまくいったら幸せになれるのに」

「あの地位につけたら幸せになれるのに」

「あれが手に入ったら幸せになれるのに」

私たちは、自分が幸せになるためには、「あれがなければならない」というような「条件」をつけがちです。

けれども幸せに条件をつけているうちは幸せになれません。いま、ここで、気持ちを切り替えることです。

心を幸せにするには、「いかに自分の心を、いまに向けることができるか」にかかっているといっても過言ではありません。

それには、私たちの心を、まず開くことです。そして受け入れる状態をつくるのです。

そこから、心の本当の使い方が始まります。

イギリスの劇作家、ジョン・オズボーンの言葉に、「人の心はパラシュートのようなものだ」というのがあります。

開かなければ使えない——パラシュートが閉まったままでは、落下してしまいます。心もそれと同じで、開いていなければ、落ち込んでいくばかりです。

では、心をオープンにするとはどういうことかといえば、あまり考えすぎたり、神経質にならないことです。いつもリラックスして、柔軟な考えができるようにしておくことが大切なのです。

私たちの心は、つい頑《かたく》なになりがちです。でも、いまここで、意識してリラックスすることができたら、そこで心の平穏が訪れるはずです。

「あの人は、どう思っているだろう」

「自分のことを悪く思っているかもしれない」

「あんなこと、しなければよかった」

というふうに考えると、疑心暗鬼《ぎしんあんき》に陥ってしまいます。

人の気持ちはわからないし、コントロールできるものでもありません。

自分のことで反省すべきことがあったとしても、それもまた、よくあることで、起きてしまったことをクヨクヨ悩んでも、どうしようもないわけです。

クヨクヨ悩んだり、考えたりするのは、心が過去に向いているからです。それが苦しみとなって、頑なな心をつくってしまうのです。

心は「いま」に向けることが大事なのだとお話ししましたが、それができるとポジティブに考えられるようになります。少しずつでも、心を開いていけるのです。

自分の心が開けば、穏やかな感情を持ち、幸せを感じられるようになります。

ありのままの自分に満足する

幸せほど大切なものはありません。

第1章でもお話ししたように、幸せになることが、私たち一人ひとりに課せられた人生の目的であると、ダライ・ラマ法王は言われています。

幸せを求めるために、私たちは、ここにいます。

私たちは自分自身に、すべての幸せをもたらすために、ここにいます。

自分自身だけではありません。私たちは世界に幸せをもたらすために、ここにいます。それこそが私たちの使命なのです。

では、どうすれば幸せになれるか、あなたは知っていますか？

幸せについて説いた、さまざまな観念があります。

いま、ここでいう「幸せ」は、「喜び」のことではありません。

幸せは、喜ぶことではないのです。

幸せは、ありのままの自分に満足することです。

あなたは、足ることを知っていますか?

「足るを知る」とは、満足することです。

この「満足」とは、何があっても、常に自分自身に「大丈夫」と言えることです。

目の前で何か起きても、それがどんなに大きなことでも、あるいは小さなことでも、いつでも「大丈夫」と自分に言えることが大切なのです。

何か起きてから、「それでも私は大丈夫」と思うのではなく、どんなことが起きようとも、「私は大丈夫」と思えることが幸福感につながります。

不動心を身につける

私がザ・チョジェ・リンポチェとして修行に入ったばかりのとき、瞑想ばかりしていました。考えてみると、それはいまも変わっていません。

なぜ瞑想しているかといえば、「不動心」を身につけるためでした。

「不動心」とは、何があっても動じない心です。

心が乱れてさえいなければ、私たちは、どんなことにも対応できます。

ふだんの生活から学び、身につけたことは、学んだ通りにできるのです。

失敗は、いつもの自分ではいられないところから引き起こしてしまうものだと私は思います。

では、どうすれば「不動心」が身につくかと言えば、いかに大きく捉えるかということが大切です。

たとえば、ニキビを例にお話ししましょう。

ニキビが一つできただけで、私たちはとても気にします。

自分の想像するものが小さければ小さいほど、実際のニキビを見てのダメージは大きいわけです。

じつは本人が気にするほど、他の人は気にしていません。

たかが1個のニキビ――自分のからだ全体を考えても、それが占めるのはたった1パーセントにも満たないでしょう。

けれども、

「ああ、イヤだな、ニキビができてしまった。

こんなところにニキビができるなんて最悪だ」

などと考えます。

そう、実際はごく小さなニキビであっても、顔全体にできてしまったような気分に陥《おちい》ってしまうのです。

本当は、99パーセントは、何の問題もないのに、たった1パーセントのことで、すべてが台無しと考えてしまうわけです。

たった1パーセントにも満たない、小さなニキビと思えば、それほど気に病むこともありません。ニキビができたことも忘れて、いつも通りでいられるのではないでしょうか。

人生には、いろいろなことが起きます。

何か起きたときに、「大変だ」と思うのか、「たいしたことない」と思うのか、人生はその捉え方しだいというわけです。

いつも全体から見ることです。

そうすれば、それの実際の大きさがわかります。

逆にどんどん焦点を合わせて、それだけを見てしまうと、もう人生のすべてがそれになってしまったようになります。

物事は、大きな絵で考えることです。

ところで、アメリカの心理学者が、50人の被験者を集めて、ある実験をしました。

大きなスクリーンを用意して、その真ん中に一つ、点を打ったのです。

そして、

「何が見えますか」

と聞きました。

すると被験者は全員、「点が見えます」と答えましたが、じつは、見えているものは「スクリーン」のはずです。それにもかかわらず、「スクリーン」と答えた人は、一人もいなかったそうです。

人の捉え方というのは、「何かを探さなくてはいけない」と思ってしまうと、その点だけが気になるものです。

心理学者の実験のことを聞いて、それこそが人生だというふうに考えました。

人生には、何が起きるかわかりません。

その起こったことに焦点を合わせてしまうから、不幸なことや悲しいことが続くのです。

でも本当は、たいしたことは起きていないのです。

どうすれば大きな絵を見られるかと言えば、心をいつも大きく開いておくことが大切なのです。

幸せのためにできること

あなたは幸せです。
あなたは大丈夫です。
イヤなこともあるでしょう。
イヤな人もいるでしょう。
雨が降る日もあるでしょう。
風が強い日もあるでしょう。
でも、すべては見方しだいです。
大きく見るか、小さく見るかだけの違いで、あなたの幸せが決まります。

一日が終わるとき、自分のためと、そして誰かのために祈りの習慣を持つことをおすすめします。

「どうぞ私を幸せにしてください。

他の人たちにも幸せが訪れますように……」

これは宗教の祈りではありません。

私たちは、幸せになるために生まれてきました。

自分にも、人にも幸せをもたらすことで、私たちの人生の目的は達成されます。

だからこそ、一日の終わりに、自分のための時間をつくって祈り、自分のために呼吸をすることを習慣にしてほしいのです。

そうして意識を向けることで、自分のからだと心をだんだんと近づけていくことができます。

私たちの思考というのは面白いもので、コンピュータのようなものです。

いつも何かを検索しつづけているといってもいいでしょう。

頭のなかでは常に、いろんなものを探しています。

「幸せ」という言葉を検索すると、幸せに関するあらゆるものにヒットします。

もしもネガティブな言葉を検索すれば、ネガティブな言葉で、頭のなかはあふれてしまうのです。

自分の頭のなかのコンピュータには、いつも「幸せ」というキーワードを入れておいてください。

そうして探していけば、もっともっと幸せが自分のなかに入ってきます。

あとがき

「タシデレ」

これはチベットで、「こんにちは」というような挨拶で用いられる言葉ですが、吉《きっ》兆《ちょう》を表し、直訳すれば「私はあなたの幸せを祈っています」という意味になります。

その「タシデレ」の思いで、「つながり」をテーマにお話ししてきましたが、いま読者のみなさんと、こうしてつながりを持てたことに、とても感謝しています。

プロローグでもお話ししたように、私が初めて来日したのは1997年のことでした。それから2年後のセドナで、この本の訳者である福田典子さんに出会いました。

初めて訪れたときから、日本には、どこか懐《なつ》かしいような、不思議な感覚を持っていましたが、福田さんが、私を再び日本につなげてくださったわけです。

そんなご縁がどうしてできたのかといえば、いまになって考えてみても、「出会ってしまったから」としか言いようがありません。

人生には理由がつくようでつかない、不思議なことが起こるものです。思いがけず、たまたま知り合った人や行った場所が、自分の運命に大きく関わることがある、というのは、みなさんにも経験があるでしょう。

生まれ育った国も、年齢も違うのに、福田さんと出会ったときから、「この人と縁がある」ということがわかりました。

それ以来、福田さんは、私にとっては日本の姉のような存在で、おつき合いさせていただいています。今回の出版のきっかけをつくり、翻訳を担当していただいたことに、心から感謝申し上げます。

また、この本を出版するにあたり、きずな出版の櫻井秀勲社長にも、深いご縁を感じました。多くの時間を語り明かしたわけではないのに、お互いのことがよくわかっているような感覚を持ちました。櫻井社長も、それは同じだったようで、私の顔を見ただけで、私の本の出版を決めてくださったと聞いています。

それがきっかけとなって、昨年の２０１４年11月、私の講話会をきずな出版主催で開いてくださいました。

そのときのゲストが作家の本田健さんでした。対談をさせていただきましたが、本田さんにリードしていただけたことで内容が広がったと思っています。ここにあらためて、本田さんにも心から感謝申し上げます。

この本は、この講話会でお話ししたことを元に、原稿を起こしていただき、大幅に加筆しました。構成、編集では、きずな出版の編集長である岡村季子さんにお世話になりました。

こうして書いていくだけでも、この本が多くの「つながり」のおかげであることがわかります。ここに関わるすべての皆様に、感謝の気持ちでいっぱいです。

ありがとうございました。

今世での出会いは、過去世からのご縁であると私は信じています。

この人生で出会う人、同じ場所に集う人は、過去世で何らかのご縁があり、「また再び会いたい」という思いが叶《かな》ってのことではないかと考えるのです。

この本のタイトルは「命と絆の法則」としましたが、この世にあるすべての命は、絆によって結ばれています。

繰り返しお話ししてきましたように、私たちは、誰も、一人ではありません。

あなたの悲しみに寄り添い、あなたの苦しみを癒やす人がいます。

「自分には誰もいない」という人は、まず自分が、誰かのその人になってください。

怒りや不安を否定する必要はありません。

誰かに助けを求めてもいいのです。

人は幸せになるために生まれてきました。

そのことを、あなたが証明してください。

私たちは、誰もが大切な存在です。
そして、誰もが、つながりを持っています。
あなたとのご縁に、心から感謝申し上げます。

ザ・チョジェ・リンポチェ

［著者プロフィール］

ザ・チョジェ・リンポチェ

本名　ザ・チョジェ・テンジィン・ロブサン・タムチョ。「リンポチェ」は高位僧の称号。

1968年、南インドのチベット人難民キャンプで生まれる。16歳の時に、ダライ・ラマ14世により、チベット・カム地方の偉大な高僧、ザ・チョジェの6代目の生まれ変わりとして認定される。また、釈迦の十大弟子の一人、持律第一のウパーリ（優波離）の16代目の生まれ変わりとしても知られている。

1996年、チベット仏教ゲルク派の、5つある仏教博士号の中でも、最高位の「ゲシェー・ハラムパ」の資格を、28歳という歴代まれにみる早さで取得する。その他、高名な師たちから様々な伝授や密教の灌頂《かんじょう》を授かる。現在は、アメリカ・アリゾナのフェニックスに「エマホー・ファウンデーション」を設立し、アメリカ、ニュージーランド、日本、台湾などで、チベット仏教の教えを精力的に広めている。宗教を超えて、西洋とチベット文化の融合に尽力し、心の平安を求める人々をフォローしながら、どの政府とも、どの宗教とも、誰とも争うことなく、自分の人生を幸福に生きる智慧を説き、愛を広めている。

ダライ・ラマ14世の70歳生誕祭では、最高執行責任者を務めた。

命と絆の法則
魂のつながりを求めて生きるということ

二〇一五年三月一日　第一刷発行
二〇二三年十月十日　新装版第一刷発行

著　者　ザ・チョジェ・リンポチェ
訳　者　福田典子
発行者　櫻井秀勲
発行所　きずな出版
東京都新宿区白銀町一-一三　〒一六二-〇八一六
電話〇三-三二六〇-〇三九一
振替〇〇一六〇-二-六三三五五一
https://www.kizuna-pub.jp/

装　幀　福田和雄（FUKUDA DESIGN）
編集協力　ウーマンウエーブ
印刷・製本　モリモト印刷

ISBN978-4-86663-229-2

きずな出版

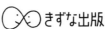